AF562066

DE LA SITUATION

ACTUELLE

DU SÉNÉGAL

PAR

M. Albert TEISSEIRE

NÉGOCIANT

BORDEAUX

IMPRIMERIE G. GOUNOUILHOU

RUE GUIRAUDE, 11.

1870

En réunissant les deux articles que reproduit cette brochure, notre but est de rapprocher et présenter dans leur ensemble les idées que nous avons développées dans la *Gironde* sur la question sénégalaise.

DE LA SITUATION

ACTUELLE

DU SÉNÉGAL

Bordeaux, 23 mars 1870.

La question coloniale est à l'ordre du jour. Qu'il nous soit permis d'appeler l'attention d'une manière spéciale sur celui de nos établissements d'outre-mer où les réformes s'imposent de la façon la plus impérieuse : nous voulons parler du Sénégal.

Aussi bien l'heure est propice. Le réveil de l'esprit public, les derniers débats de la Chambre, le projet de loi en élaboration dans les Conseils du Gouvernement, tout concourt à attacher un caractère particulier d'opportunité aux idées que nous nous proposons de développer.

C'est à l'étude de la situation actuelle de notre colonie que se bornera cette esquisse. Non certes que l'avenir ne soit un sujet digne de méditations, — et un article inséré dans la *Gironde*, nos des 16 et 17 mars, traite la matière à ce point de vue, — mais combien plus pressante la nécessité du moment !

Affranchir le Sénégal du système militaire qui l'accable, le soustraire à une administration autoritaire et sans contrôle, le sortir en un mot de ce régime d'exception auquel il a été voué jusqu'ici, voilà l'œuvre qu'il importe de réaliser au plus tôt, le but vers lequel doivent tendre tous nos efforts.

Le parti que l'on pourra tirer ultérieurement des avantages naturels et des immenses ressources du pays, les bienfaits qu'avec la civilisation nous avons pour mission de faire pénétrer dans l'intérieur de l'Afrique, l'avenir, enfin, dépendra de ce que nous aurons fait le présent.

A chaque jour suffit sa peine. Dotée de ces institutions larges et démocratiques que nous appelons de tous nos vœux, la colonie verra venir les temps avec confiance. Alors, mais alors seulement, se redresseront avec fruit ces aperçus lointains, ces améliorations intérieures désirées grandes, toutes choses secondaires pour l'heure.

I

Tout esprit qui envisage avec réflexion la question sénégalaise est dès l'abord frappé de ce fait, — naturel après tout encore que regrettable, — que seules les personnes que leurs intérêts ou leurs études spéciales ont familiarisées avec notre établissement sont initiées à sa constitution politique et aux lois qui la régissent. C'est dire que chez la presque totalité des Français l'ignorance à cet égard est complète, absolue.

Il importe donc, puisque c'est l'opinion publique

que nous voulons saisir et que nous prenons pour juge, de mettre sous les yeux du lecteur les pièces propres à éclairer le débat.

C'est dans ce but que nous reproduisons ci-dessous quelques extraits succincts de l'ordonnance royale du 7 septembre 1840, qui règle encore aujourd'hui les attributions des différents pouvoirs de la colonie.

Depuis sa promulgation, qui date du 19 novembre de la même année, ce décret organique a subi divers changements, améliorations ou mutilations, suivant les temps.

Nous montrerons quelques-unes de ses dispositions en vigueur. Nous dirons ensuite celles qui ont été abrogées. De ce rapprochement, qui n'a pas encore été fait, que nous sachions, ressortira un utile enseignement.

Dispositions en vigueur.

« Le gouverneur a la direction supérieure de l'administration de la marine, de la guerre, des finances et des différentes branches de l'administration intérieure. (Art. 6, § 1.)

» Il arrête en Conseil d'administration le projet du budget des recettes et dépenses du service intérieur, les projets de travaux de toute nature (art. 14), les mercuriales ou tarifs semestriels pour la perception des droits de douane. (Art. 17.)

» Il s'oppose aux adresses collectives et autres du même genre, quel qu'en soit l'objet. (Art. 32, § 4.)

» Il a le droit de mander devant lui, lorsque le bien du service ou le bon ordre l'exige, tout négociant, habitant ou autre individu, qui se trouve dans l'*étendue* de son gouvernement. (Art. 32, § 2.)

» Dans les circonstances graves, et lorsque le bon ordre ou la sûreté de la colonie le commande, le gouverneur, en Conseil, peut prononcer à l'égard des individus qui compromettent ou troublent la tranquillité publique : 1° l'expulsion pure et simple de Saint-Louis ou de Gorée pendant deux ans ; 2° la mise en surveillance dans une de ces localités pendant le même espace de temps. (Art. 54, § 1.)

» Il peut refuser, en Conseil, l'admission dans la colonie des individus dont la présence y serait jugée dangereuse. (Art. 56.)

» Pour quelque cause que ce soit, le gouverneur ne peut être ni poursuivi ni actionné dans la colonie. » (Art. 61, § 1.)

Mais, dira-t-on, dans le Conseil d'administration réside sans doute ce pouvoir pondérateur placé dans toutes les constitutions pour garantir les droits de tous contre la volonté d'un seul.

L'ordonnance de 1840 répond :

« Le Conseil d'administration *éclaire* les décisions du gouverneur.

» Il est composé ([1]), art. 97 :

» Du gouverneur, président ;
» Du chef du service administratif, } tous fonctionnaires soumis
» Du chef du service judiciaire, } à l'autorité du gouver-
» Du contrôleur colonial, } neur. (Art. 41.)
» Et de deux habitants notables nommés par le gouverneur.

» Le Conseil *ne peut délibérer que sur les affaires qui lui sont présentées par le gouverneur.* (Art. 109.)

([1]) Un décret impérial du 1er septembre 1869, introduit dans le Conseil le directeur de l'intérieur, fonctionnaire soumis à l'autorité du gouverneur, et un troisième notable nommé par le gouverneur, toujours.

» Tout membre peut cependant soumettre au gouverneur, en Conseil, les propositions ou observations qu'il juge utiles au bien du service. Le *gouverneur décide s'il en sera délibéré.* (Art. 119.)

» Le Conseil peut demander communication de tous documents susceptibles de former son opinion. Le *gouverneur décide si elle aura lieu.* (Art. 105.)

» Le Conseil ne possède de droit que la communication des pièces relatives à la comptabilité. » (Art. 105.)

Et enfin, pour résumer toute la portée et la valeur de cette institution, l'article 110 déclare qu'*en aucun cas le gouverneur n'est tenu de se conformer à l'avis du Conseil.*

Pour éclairer complètement la religion du lecteur, c'est l'ordonnance tout entière qu'il faudrait livrer à son appréciation. C'est l'un après l'autre qu'il conviendrait de reprendre et commenter les divers articles de ce texte. Alors jaillirait clairement ce que, sous leur forme concise, ils recèlent de trésors d'arbitraire. Le cadre de ce travail ne comporte point de tels développements. Pour sommaires qu'ils sont, ces extraits suffiront à montrer en même temps, et la porte que laisse ouverte aux abus et vexations de toute nature la constitution qui nous régit, et la part qu'elle laisse à l'élément civil dans la gestion des affaires de la colonie.

Dispositions abrogées.

« Il sera établi à Saint-Louis un Conseil général dont les attributions consisteront à donner annuellement son avis sur les budgets et les comptes de recettes et dépenses de la colonie, et à faire connaître ses vœux et ses besoins. (Art. 116.)

» Le Conseil général est composé de dix membres nommés pour cinq ans par l'assemblée des notables. (Art. 117, § 1 et 2.)

» Il nomme, dans sa première session, un délégué qui est tenu d'avoir ou de prendre sa résidence à Paris. (Art. 120.)

» Le délégué est chargé de donner au Gouvernement de la métropole les renseignements relatifs aux intérêts généraux de la colonie, et de suivre auprès de lui l'effet des délibérations et des vœux du Conseil. (Art. 121.)

» Deux membres du Conseil général désignés par lui sont nécessairement appelés au Conseil d'administration, avec voix délibérative pour la discussion des projets d'arrêtés et de règlements relatifs aux intérêts généraux de la colonie, et lorsqu'il s'agit d'affaires de commerce et de traités à passer avec les indigènes. » (Art. 98, § 2.)

Prétendions-nous à tort, nous le demandons, que de ce parallèle découlerait un grand et utile enseignement? Mais combien plus significatif ne ressortira-t-il pas, et plus attristant, si, poursuivant la comparaison commencée, nous mettons en regard les diverses phases qu'a traversées le régime politique du Sénégal pendant une période de moins de douze années.

C'est d'abord 1840 établissant la constitution que nous venons d'examiner, constitution qui, à côté de dispositions restrictives et vexatoires, donne satisfaction, dans la mesure de l'esprit du temps, à l'idée de contrôle naturelle et légitime chez contribuables et gouvernés.

Puis la République, huit ans plus tard, abolissant l'esclavage à son éternel honneur, octroyant le suffrage universel, jugeant utile et digne de nous voir représentés au congrès de la nation, estimant, en un mot, français au même titre et ceux qui vivent dans la mère-patrie, et ceux qui, au delà des mers, concourent à sa prospérité.

L'Empire, enfin, détruisant la meilleure part de l'œuvre de Louis-Philippe et de 1848, retirant à la colonie et suffrage et garanties, lui imposant en échange le régime d'arbitraire sous lequel elle gémit encore aujourd'hui.

. . . .

II

Sans représentant au Corps législatif, sans Conseil élu, livré au pouvoir discrétionnaire des gouverneurs, tel, après l'exposé rapide qui précède, apparaît notre établissement du Sénégal.

Et telle, en effet, est sa situation depuis vingt ans. Or, les mesures exceptionnelles dont notre colonie a été l'objet n'ont jamais trouvé leur justification dans les faits qui s'y sont produits à aucun moment de son existence. Conséquences des théories césariennes qui ont marqué l'avènement du régime impérial, elles ne trouvent leur raison d'être que dans l'application simultanée qui était faite des mêmes principes à la France coloniale comme à la France métropolitaine.

Nos mœurs politiques ne s'accordent plus avec ces institutions dictatoriales. Le Gouvernement lui-même, renonçant à lutter contre le courant des idées, a abandonné ses anciens errements; il est entré dans la voie des concessions. Et il nous est donné d'assister au spectacle vraiment grand d'un pouvoir naguère sans limites se transformant tous les jours plus profondément sous la pression de l'opinion publique.

Ce qui se passe sous nos yeux en France donne la mesure de ce que nous voudrions voir pratiquer au Sénégal. La logique, la justice la plus vulgaire, commandent, en effet, que deux constitutions sœurs, nées sous l'influence des mêmes préoccupations, se modifient et se perfectionnent dans les mêmes circonstances. En présence des libertés restituées à la France, pourquoi cet ostracisme envers le Sénégal? Pourquoi là-bas le maintien de l'exception, alors que tout ici tend chaque jour davantage à rentrer dans le droit commun?

Il n'en est point de motif valable. Le calme de la population, qui ne s'est jamais démenti, ses idées bien connues d'ordre et de tranquillité, la constance de sa modération aussi bien que son commerce croissant malgré toutes les entraves, appellent le retour à une organisation plus en rapport avec ses aspirations et les tendances de notre époque.

Les changements à apporter au régime politique

de notre colonie sont d'autant plus essentiels, doivent être d'autant plus profonds, que rien jusqu'ici n'a été fait dans cette voie, qui puisse être considéré comme une atténuation de l'état de choses ancien. Nul ne saurait, en effet, donner ce nom aux mesures adoptées par le Gouvernement dans les derniers mois de 1869.

Un décret du 1er septembre institue au Sénégal une direction de l'intérieur, et porte de deux à trois le nombre des habitants notables qui siégent au Conseil d'administration. M. le Ministre de la marine a également annoncé l'établissement d'une Chambre de commerce à Saint-Louis.

Aucun vœu, hâtons-nous de le dire, n'a été émis dans ce sens, et bien différentes sont les réformes demandées par la presque totalité des maisons de Bordeaux en relations d'affaires avec le Sénégal.

Comme la plupart des mesures prises sans l'avis ni l'assentiment des intéressés, les dernières créations de M. le Ministre de la marine ont eu le fâcheux et légitime effet de mécontenter l'opinion publique, à qui elles prétendaient donner satisfaction.

Nous le disons hautement, autres sont les besoins de la colonie, autres ses aspirations.

Peu importe un membre de plus ou de moins au Conseil d'administration, composé comme chacun sait; peu importe un nouveau rouage administratif s'ajoutant, sous le nom de « Direction de l'intérieur », à ceux qui existent déjà; peu importe enfin une Chambre de commerce dont l'utilité, au dire des négociants eux-mêmes, ne se faisait pas sentir, si, à côté de ces nouveautés d'ordre secondaire et sans portée réelle, des garanties sérieuses ne sont offertes à la colonie.

Aussi n'est-ce pas sans une profonde surprise et un entier désappointement que nous avons entendu M. le Ministre de la marine, répondant à l'honorable M. Jules Simon, dans la séance du 11 mars, s'écrier, après avoir rappelé les trois mesures précitées : « Je crois donc qu'on a fait ce qui était possible dans cette voie. »

A cette déclaration si nette dans sa brièveté, et qui marque que le Sénégal n'a plus rien à attendre du projet de loi à l'étude, la colonie répondra :

Nous ne nous payons point d'illusions, nous voulons des réalités ;

Nous voulons un Conseil général élu, qui vote le budget des recettes et des dépenses, et veille à la sage répartition des fonds ;

Nous voulons un député défenseur naturel de nos intérêts, interprète de nos sentiments ; qui, à l'heure voulue, usant de son droit d'initiative, propose telles mesures que nécessitera la situation du pays, et dont la France entière appréciera la valeur et l'urgence ;

Nous voulons que le Sénégal, centre de production et de trafic, et non possession militaire proprement dite, passe des attributions du Ministre de la marine dans celles de son collègue du commerce, seul compétent pour juger les grands intérêts commerciaux qui y sont engagés et qui constituent sa raison d'être;

Nous voulons la stabilité dans la haute administration de la colonie, condition sans laquelle on ne fonde rien de durable; nous voulons que le poste de gouverneur devienne le terme suprême de l'ambition de qui y aspire; que le gouverneur civil ou *militaire retraité,* dégagé de tout espoir d'avancement, adoptant pour ainsi dire le pays comme une seconde patrie, y puisse poursuivre longtemps et conduire à bonne fin l'œuvre qu'il aura entreprise;

Nous voulons, avec l'inauguration de cette politique de non intervention à laquelle se rallient tous les peuples qui désirent sincèrement la paix, l'abandon du système des annexions, du protectorat et de l'occupation de certains territoires dont la colonie n'a encore ressenti que les désastreux effets;

Nous voulons l'extension à tous les postes échelonnés sur la route du fleuve des commandants civils à résidence fixe, comme il en existe déjà quelques-uns, à qui un long séjour au milieu des populations fasse acquérir cet esprit de suite, cette connaissance des mœurs et coutumes locales, cette autorité fondée sur une mutuelle confiance, si nécessaires au maintien des bons rapports et à la solution pacifique des difficultés qui pourraient intervenir;

Nous voulons, en un mot, que toutes choses rentrant dans les limites que leur assignent la raison et leur corrélation naturelle, l'élément militaire, qui ne symbolise que la défense, cède le premier rang dans l'administration des affaires intérieures à l'élément civil, à l'élément commerçant, qui donne la vie et la prospérité.

Ainsi parlerait le Sénégal, nous en avons la conviction, si le Ministère, cherchant ailleurs que dans les seuls rapports officiels l'expression du sentiment public, demandait à une enquête sérieuse et large la véritable pensée du pays.

Nous ne terminerons pas sans adresser un hommage public de sympathie et de profonde reconnaissance à l'éminent député de la Gironde, à l'honorable M. Jules Simon, qui, du haut de la tribune législative, a défendu la cause sénégalaise avec l'autorité qui s'attache à son nom et à sa parole éloquente. Honneur à lui !

Bordeaux, 18 mai 1870.

Dans un travail récent, nous avons examiné la constitution qui régit notre établissement du Sénégal, esquissant à larges traits les réformes que commande un système politique d'un autre âge, également condamné par l'équité et le progrès des temps.

Contraint par les limites étroites d'un article de journal de nous en tenir aux grandes lignes du sujet et d'exposer la situation dans son ensemble, nous nous réservions, l'heure venue, de compléter notre pensée en traitant avec quelque détail certains côtés de la question.

A la veille de la reprise des travaux législatifs, alors que les débats sur la constitution coloniale vont reporter l'attention vers cet ordre d'idées, le moment nous semble favorable pour revenir sur le discours prononcé par M. le Ministre de la marine, dans la séance du 11 mars dernier, en réponse à l'interpellation de l'honorable M. Jules Simon.

Préoccupé à juste titre des mesures qui seront adoptées, et qui sans doute fixeront ses destinées pour longtemps encore, le Sénégal ne peut laisser sans commentaires les paroles de M. le Ministre tendant à prouver le mal fondé de ses prétentions, et à démontrer que tout était pour le mieux dans la plus exigeante de nos colonies.

Dans le but de donner à notre réplique un caractère plus saisissant, surtout aux yeux des personnes peu familiarisées avec les choses du Sénégal, nous répondrons séparément, et point par point, aux différents passages que nous avons à combattre.

I

« M. Jules Simon, dit l'honorable Ministre de la » marine, voudrait une assemblée élective pour voter » le budget. Mais d'abord la population européenne

» est très minime; elle se compose à peine de 400 » âmes, ce qui représente 140 adultes à Saint-Louis » et 50 à 60 à Gorée. Il y a, en outre, beaucoup de » mobilité dans cette population qui compte un grand » nombre de représentants des maisons du littoral de » l'Océan et de la Méditerranée. »

Il est permis de trouver au moins extraordinaire que, dans une question qui intéresse tous les habitants à un égal degré, M. le Ministre ne veuille tenir compte que de la population européenne.

Mais l'autre population, la vraie, celle qui a ses attaches dans le pays, qui est non pas mobile, elle, mais à demeure, et fixée au sol d'une façon absolue, n'est-elle donc rien?

Ne partage-t-elle point les charges des Européens? Est-elle exempte des impôts qu'ils paient? N'acquitte-t-elle aucun droit de douane sur les denrées de toute nature qu'elle consomme? N'a-t-elle pas besoin d'une patente pour exercer le commerce? Ne concourt-elle pas, en un mot, à la formation du budget local? Qui donc, sinon elle, au moins pour la plus grande part, fait entrer dans les caisses de la colonie une somme qui, pour l'exercice 1870, s'élève, — la subvention métropolitaine écartée, — à 859,000 fr.?

Et c'est alors que nous demandons un Conseil dont les attributions principales consisteront précisément à voter ce budget, qu'on passe sous silence, comme si elle n'existait pas, toute cette partie de la population, — toute la population on pourrait presque dire, — pour ne trouver que 140 adultes à Saint-Louis ! Étrange argumentation vraiment et à laquelle nous étions loin de nous attendre !

Ce n'est pas tout : comment admettre raisonnablement qu'une population qui, en 1840, *sous le régime du suffrage restreint,* était en nombre pour élire un Conseil général, ne soit pas suffisante, *trente ans après et sous le règne du suffrage universel,* pour composer un Conseil dont les pouvoirs seront à peu près identiques !

On l'admettra d'autant moins que, d'après l'ordonnance du 7 septembre qui instituait à Saint-Louis un Conseil général, le nombre des notables participant au vote pouvait descendre valablement jusqu'à *quarante* (art. 117), et qu'en exécution de l'article 12 du décret impérial du 9 août 1854, le gouverneur dresse tous les ans une liste de *soixante notables.*

Or, en concevant même qu'un Gouvernement fondé sur le suffrage universel, et qui hier encore vient de lui faire un appel direct, se refuse à en vouloir l'application dans les colonies, au moins pourrait-il, comme sous l'ancienne loi qui a fonctionné pendant sept années, faire nommer par ces 60 électeurs, le Conseil que réclament les habitants.

Le Ministère n'est donc pas fondé à nier l'existence au Sénégal des éléments nécessaires à la formation de cette assemblée, et sa théorie relative au chiffre de la population ne justifie en aucune façon le rejet de la demande formulée par M. Jules Simon.

C'est pourtant la seule raison invoquée dans le discours de l'Amiral-Ministre.

II

M. le Ministre de la marine dit ensuite :

« Pour faire participer davantage les habitants aux
» affaires de la colonie, j'ai augmenté l'année der-
» nière le nombre des notables qui siégent au Conseil
» privé ; on pourra peut-être l'augmenter encore. »

Pour reconnaître combien la mesure rappelée est, non une libéralité, mais une décevante illusion, il suffira de se reporter au texte, reproduit plus haut, de l'ordonnance de 1840, qui détermine la composition et les pouvoirs attribués au Conseil privé, d'avoir surtout présent à la mémoire que ce Conseil est purement *consultatif*, et qu'*en aucun cas*, — l'article 110 le déclare, — *le gouverneur n'est tenu de se conformer à son avis.*

On voit, dès lors, qu'on pourrait augmenter non seulement d'un ou de plusieurs, mais *indéfiniment*, le nombre de ses membres, sans danger aucun pour l'autorité du gouverneur, comme aussi sans profit pour les garanties que la colonie trouve dans cette institution.

III

M. le Ministre ajoute :

« J'ai créé les fonctions de directeur de l'intérieur.

» Ce directeur siége au Conseil privé et s'occupe » exclusivement des intérêts civils. L'année dernière, » j'ai aussi institué deux Chambres de commerce : » l'une à Saint-Louis, l'autre à Gorée. Elles peuvent » faire connaître les vœux et les besoins du com- » merce.

» Je crois donc qu'on a fait ce qui était possible » dans cette voie. En me résumant, je dirai à M. Jules » Simon, qu'incessamment l'acte qui contiendra la » constitution coloniale sera examiné dans l'esprit le » plus libéral et avec le désir d'accorder aux colonies » les plus légitimes satisfactions. »

Sans nous arrêter aux Chambres de commerce, dont, au dire des négociants eux-mêmes (lettre adressée le 8 novembre 1869 à M. le Ministre de la marine), l'utilité ne se faisait point sentir, nous arrivons à la direction de l'intérieur, digne d'une attention spéciale.

Des nouvelles créations dont le Gouvernement métropolitain a doté le Sénégal sans le consulter, les deux premières ont été reconnues sans portée d'aucune sorte, sans avantages, mais aussi sans inconvénients. Celle-ci est, au contraire, regrettable à tous les points de vue. Elle constitue, en premier lieu, une charge onéreuse pour le budget local. L'article 3 du décret du 1er septembre 1869 fixe à 12,000 francs par an le traitement colonial du directeur de l'intérieur. L'article 4 rend imputables au budget de la colonie toutes les dépenses de la direction de l'intérieur, y compris le traitement du directeur. Aussi voyons-nous figurer au compte des dépenses de l'exercice 1870 :

CHAPITRE Ier. — PERSONNEL.

Dépenses obligatoires.

§ I. Direction de l'intérieur, solde et accessoires...	56,115 fr.

CHAPITRE II. — MATÉRIEL.

Dépenses facultatives.

§ I. Prévision pour l'acquisition d'un immeuble pour la direction de l'intérieur....................	50,000 fr.
Soit une somme totale et ronde de...	106,000 fr.

De telle sorte qu'une institution fondée sans l'avis ni l'assentiment des habitants du Sénégal, partant *imposée* à la colonie sans qu'aucune voie lui fût ouverte pour la repousser, vient grever son budget, pour la présente année, de 106,000 francs. Or, les recettes totales pour l'exercice 1870 étant évaluées à 1,259,000 francs, il en résulte que la direction de l'intérieur, dont personne ne souhaitait l'établissement, remarquons-le bien, absorbe un douzième des revenus de la colonie. Que de travaux utiles, urgents, n'eût-on pu entreprendre avec une pareille somme !

Cette création, qui a pu apparaître à certains esprits superficiels comme une satisfaction accordée aux légitimes exigences de la colonie, est surtout regrettable en ce qu'elle a mis à découvert et révélé dans tout son jour la pensée intime du Ministère à l'égard du Sénégal.

Était-il possible, en effet, d'exprimer plus clairement aux habitants qu'on continuait à leur refuser toute ingérence et tout contrôle dans les affaires locales, que de confier à un employé du Gouvernement, — alors qu'ils souhaitaient un Conseil élu, — le soin de s'occuper des intérêts *purement civils?* N'eût-il pas été plus conforme à la raison, à l'équité, de laisser à la population elle-même, par la voie de ses mandataires directs, la tâche de veiller à des intérêts qui la touchent de si près? Une assemblée nommée par les habitants n'eût-elle donc pas offert les garanties de lumières, de connaissances pratiques et spéciales, de sage discernement, nécessaires pour apprécier les besoins du pays et rechercher les moyens les plus propres à leur réalisation? Qui l'oserait prétendre?

Une autre considération qui a sa valeur : dans l'immense majorité des cas, le directeur de l'intérieur sera nouveau dans le pays, par suite, absolument étranger aux choses du Sénégal; que de temps ne lui faudra-t-il pas, combien d'écoles ne sera-t-il pas obligé de faire avant d'acquérir une connaissance suffisante des intérêts qui lui sont confiés pour les servir utilement?

Enfin, ne retrouve-t-on pas ici le vice inhérent à toutes les institutions qui n'ont pas leur fondement dans l'intérêt bien pesé et bien compris du pays? Qui assure, par exemple, à la colonie, l'esprit de suite, l'unité de vues dans la gestion des affaires civiles? Qui lui garantit qu'elle ne verra pas substituer à un directeur de l'intérieur, — exposé par cela seul qu'il est fonctionnaire à être déplacé plus souvent que de raison, — un autre directeur à idées opposées, qui s'attachera à défaire ce que son prédécesseur aura péniblement et quelquefois à grands frais édifié?

A ces interrogations qui découlent de l'examen attentif et raisonné de la matière, à ces doutes qui s'imposent à l'esprit, à tous les inconvénients signalés, le lecteur opposera les avantages de *stabilité* et de *compétence* que la colonie rencontrerait dans un Conseil élu, dont les fonctions gratuites *dégrèveraient en outre le budget local d'une charge importante.*

Le Ministère s'est déclaré animé du désir sincère d'accorder aux colonies les plus légitimes satisfactions. Ce serait en donner un bien faible témoignage au Sénégal, que de les borner aux trois mesures dont nous venons de faire ressortir le peu de valeur, au lieu d'adopter les réformes demandées par les intéressés, au premier rang desquelles figure le Conseil colonial. Dans cette assemblée seule, nous ne cesserons de le répéter, la population trouverait un gage sérieux de contrôle et de participation aux affaires du pays.

Bordeaux. — Imp. G. Gounouilhou, rue Guiraude, 11.

www.ingramcontent.com/pod-product-compliance
Lightning Source LLC
LaVergne TN
LVHW010406240826
846091LV00020B/2816

* 9 7 8 2 0 1 2 9 3 9 5 1 6 *